AF229901

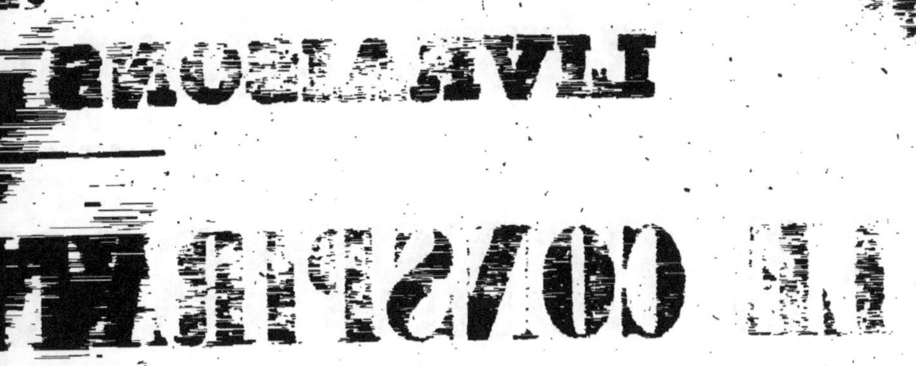

LIVRAISONS

LE CONSPIRATEUR

LOUIS

PUBLICATION HISTORIQUE

Pour s'abonner ; s'adresser à M. de FLE

POUR PARIS & L

UN AN . . . . 20 fr. | SIX MOIS

Envoyer le montant

Paraîtront successivement : LES MYSTÈRES

LES CHERCHEURS

ADMINISTRATION

Cette affiche ne peut-être apposée qu'à l'intérieur.

30 CENTIMES

R DE LA LOIRE

URDAN

SSANT TOUS LES HUIT JOURS

ET, 50, *rue de Rennes, au 1er, de midi à 2 h.*

DÉPARTEMENTS :

.   12 FR. | TROIS MOIS. . 7 FR.

la poste (FRANCO)

1870-71, LES VICTIMES DE St-HUGON,
E TRÉSORS, etc.

UE DE RENNES, 50.

Paris. — Typographie WALDER, rue Bonaparte, 44.

ON S'ABONNE
chez M. DE FLEURET,
administrateur,
rue de Rennes, 50,
au 1er,
de midi à 2 heures

Livraison à 30 centimes.

PARAISSANT TOUS LES SAMEDIS.

ABONNEMENTS :
—
Un an....... 20 fr.
Six mois.... 12
Trois mois.. 7

LE
CONSPIRATEUR
DE LA LOIRE

Par LOUIS JOURDAN

Si l'intérêt du peuple ne l'exigeait pas, jamais la pensée ne nous serait venue d'écrire une suite d'épisodes, recueillis sur le champ de bataille et partout où nous avons passé après l'ennemi, dans le département du Loiret. Nous aurions, au contraire, étouffé la curiosité de chacun par le silence ; mais en ce moment il est juste que ceux qui ont vu les crimes et entendu les cris remplissant cette contrée, n'oublient pas l'intérêt d'une nation comme la France. Il faut aviver cette haine, à tout jamais impérissable, que nous nourrissons dans nos cœurs pour un étranger barbare, sanguinaire, pillard, violateur, qui, envahissant notre patrie avec le concours de la trahison, la couvrit de morts, de décombres et de ruines ineffaçables.

Ah ! comme l'âme saigne au ressouvenir des horreurs de la guerre ! Mon cœur pleure et tout mon être frémit, la vengeance s'allume dans mes sens, et avec tous les Français fiers de ce nom, je dis : A bientôt.

Aussi m'applaudirai-je un jour si ce livre, que je vais livrer au public, sert à perpétuer en lui le sentiment qui doit l'animer jusqu'à sa mort : la vengeance !

Français, veuillez me lire.

C'était le 25 septembre 1870, à dix heures du soir ; une jeune fille, du nom d'Adelphine Dumanoir, s'avançait à pas précipités vers la petite ville de Pithiviers, située au nord-est du département du Loiret. La lune éclairait sa marche un peu chancelante. La douleur et les larmes avaient épuisé sa frêle nature. L'âme seule gardait son énergie malgré toutes les perplexités qui l'agitaient. Mais d'où venait son émotion douloureuse et ce regard rétrospectif vers les flammes d'un incendie, consommant les restes d'un vaste manoir dont l'élégante sculpture se dessinait sous les lueurs du feu? Hélas! Adelphine le savait bien! A la nuit tombante, l'armée du général de Tann, s'avançant avec vitesse sur un corps français, séparé du gros de l'armée, l'enveloppa tout entier. Un combat à outrance pouvait seul le dégager; la chose n'était pas facile : l'artillerie prussienne, toujours supérieure à la nôtre par le nombre et la qualité, ouvrit un feu terrible sur nos lignes, retranchées derrière un château.

M. Dumanoir, nom du propriétaire, l'habitait avec sa femme, sa fille Adelphine et une vieille servante, qui mourut d'une balle ennemie, en essayant d'ouvrir une écluse, au-dessus de l'habitation, afin que l'eau amortît dès sa naissance l'incendie que les bombes à pétrole ou les obus devaient infailliblement communiquer au château. Elle voulait sauver ses maîtres. Pour prix de son dévoûment, elle reçut la mort, sans les épargner. Les troupes françaises s'étaient à peine retirées du combat, qu'un dernier projectile, lancé avec fureur, creva le mur de l'appartement où la famille Dumanoir, anxieuse et effrayée, attendait la fin de l'action. Il éclata près du père et de la mère, qui furent mutilés; la jeune fille ne reçut aucune blessure. La mort lui aurait été peut-être plus douce que la misérable vie à laquelle elle était désormais condamnée; Dieu ordonne, nous devons obéir.

Adelphine, se sauvant devant le feu, qui gagna bientôt tout le château, resta quelques moments interdite, en présence de son malheur. Ses pleurs coulèrent ensuite; le désespoir la poussait à commettre un crime. Elle eut la pensée de suivre dans la tombe ses pauvres parents; mais une voix intérieure, semblable à celle de sa mère, lui parlant déjà du haut du ciel, arrêta ses pas, lorsqu'elle prenait l'élan pour se jeter dans les flammes.

La jeune fille ne résista pas à l'avis qu'une âme donnait à son âme; elle dit adieu aux murs écroulés, au site, au bois, aux allées du parterre qui l'avaient vue passer et avaient entendu sa voix dans un temps meilleur; et, comme un pèlerin que Dieu condamne irrévocablement aux peines de l'exil, elle se rendit à Pithiviers, chez une ancienne gouvernante.

Disons, en passant, que sa famille, assise au faîte de la grandeur et de l'opulence, avait vu s'effacer, au milieu d'un luxe effréné et des dissipations continuelles, toute sa première période : elle arrivait à celle de la décadence. Adelphine n'avait point joui des biens de ses ancêtres, peut-être allait-elle subir la peine réservée à leurs fautes.

L'innocence porte souvent le fardeau du crime, comme si Dieu se plaisait, par un bizarre contraste, à martyriser ce qui se rapproche le plus de son infinie sagesse.

La pauvre enfant rentra donc, vers les dix heures du soir, dans la petite ville de Pithiviers. Bâti sur une légère éminence, ce berceau du célèbre Pinson ressemble à une espèce de cône, d'où l'œil observateur embrasse une étendue considérable de la plaine du Loiret. On y retrouve encore des traces de l'armée de César, et, retombant à une époque moins antérieure, on y rencontre des vestiges du fameux Attila et de ses cohortes barbares, qui, forcées d'abandonner Orléans, à l'arrivée d'OEtius, général romain, reçurent déjà dans ces endroits un rude et terrible châtiment avant d'aller périr dans les plaines de la Champagne.

Une végétation assez riche entoure la ville. Plus loin, on cultive, dans un terrain moins fécond, les pieds de safran, d'une assez rare beauté. Cette production, le bétail qu'on y élève en grand nombre, remplacent beaucoup d'autres récoltes dont la culture ne laisse rien à désirer.

Les habitants sont généralement affables, et néanmoins on n'y trouve guère cette expansion de sentiments si à la mode dans les pays du Midi et de l'Est. Esprits calmes, peu instruits, ils n'entreprennent rien d'eux-mêmes. Il faut chez eux un innovateur, un homme qui frappe leur imagination par quelque chose d'extraordinaire. Alors ils se lancent, mais non sans réserve.

Aussi, durant l'occupation prussienne, n'a-t-on jamais ouï-dire une prouesse de ces gens-là. Ils restaient impassibles à l'approche de l'ennemi, et, le croirait-on ? il y en avait, parmi eux, qui préféraient l'Allemand au Français !

Enfin, laissant de côté ces considérations, je reviens à Mlle Dumanoir. Elle venait de descendre à travers le faubourg Gatinais, lorsque, tout à coup, elle se sentit chancelante. Une sueur froide inondait ses membres; une contraction nerveuse l'arrêta dans sa marche, et, poussant un cri aigu, elle roula sur le pavé.

Heureusement pour elle, sa voix, pleine de détresse, avait attiré l'attention d'un individu; écoutant, de sa fenêtre, le bruit sonore des pas d'une colonne de cavaliers qui s'avançait vers la ville. Il courut au secours de l'infortunée jeune fille. A peine était-il remonté dans son appartement, chargé de son précieux fardeau, que les sabots de plusieurs chevaux frappèrent le pavé de la rue.

Les Prussiens, restés maîtres du champ de bataille, venaient rançonner la ville. Le fameux de Tann allait délier les cordons de son énorme bourse et la remplir d'or français, afin de pouvoir, à son retour de la campagne, payer une partie de ses dettes. Disons aussi que ses confrères et tous les officiers de l'armée allemande ne manquaient pas de rapacité, *à l'exception de M. de Bismarck, homme si peu cupide et si désintéressé, qu'il se contenta, comme on l'a vu, de quelques tonnes d'or pour indemnités de guerre.* Les soldats de ces messieurs n'avaient pas d'ambition, ils suivaient l'exemple de leurs supérieurs; ils volaient, incendiaient et massacraient lorsque la malheureuse population osait ne pas répondre de suite à leurs aimables invitations.

Ne faisons pas de la calomnie! les Prussiens étaient d'une moralité exceptionnelle. Ils *respectaient* la pudeur des jeunes filles et des épouses, en les attachant pour en jouir plus à leur aise; et la preuve de ceci, la voilà : Adelphine Dumanoir, en s'éloignant du château de ses pères, tomba entre les mains des éclaireurs de l'armée de Von der Tann. La beauté de la jeune fille attira leurs regards pleins de convoitise. Car, quoi qu'en disent les fameux philosophes, la race allemande, avec son masque de glace, son réseau de nuages couvrant sa figure, a dans son sein cet instinct dégradé des passions, au point de dévorer l'être qui voudrait s'opposer à ses bassesses, ou résister énergiquement à la profanation où elle pense l'entraîner.

Sept individus, chose incroyable, mirent la main sur une enfant de seize ans. Ils riaient de son effroi, et se moquant de ses prières, ils s'apprêtaient à souiller cet ange plein d'innocence.

Leur infâme projet ne réussit point : Dieu veillait sur l'orpheline. Une reconnaissance française les obligea de lever lestement le pied, au risque d'encourir une mort certaine. Adelphine, délivrée des mains de ces barbares par un secours si inespéré, remercia la Providence. Elle s'aperçut cependant, quoi qu'elle fût hors de danger de ce côté-là, d'un affreux symptôme de maladie; la frayeur avait troublé tant soit peu sa raison, elle se sentait faiblir à chaque pas, en se dirigeant sur la ville, où elle fut secourue à temps.

Le lendemain, dans une maison de modique apparence, au premier étage, une vieille femme, aux cheveux grisonnants, se tenait assise près du grabat où gisait inanimée une belle blonde. Si, par intervalle, on n'avait pas vu se soulever sa poitrine, on aurait pris cette créature pour l'image de l'innocence et de la beauté étendue sur un lit de douleur. Adelphine recevait les soins de son ancienne gouvernante. C'était une seconde mère pour elle; son regard inquiet, toujours fixé sur la malade, disait combien elle s'intéressait à sa vie.

Plusieurs fois la vieille femme se rapprocha du lit, écouta la respiration lente, suspendue, de la malade, et chaque fois ses yeux humides de larmes s'élevaient vers le Ciel, et tout bas, elle murmurait une courte prière. Elle désespérait, en voyant avec quelle lenteur Adelphine revenait à la vie, et pourtant quelque chose de surnaturel éclairait son visage d'un rayon d'espérance.

Mlle Dumanoir resta sans connaissance pendant dix jours. Vers le 7 octobre, elle fut en proie à des spasmes violents, et tombant ensuite dans un lourd sommeil, elle ne se réveilla que pour donner des symptômes de folie. Sa raison n'était plus et, avec cela, les marques visibles de l'épilepsie se décelaient sur son visage. En deux jours, elle changea totalement ; ses yeux se creusèrent, et roulant hagards dans une orbite couleur bistrée, ils cherchaient quelque chose d'invisible ; et comme si son vœu était exaucé, elle tombait en pâmoison; ensuite, elle voulait fuir, pour échapper à une vision qui la menaçait. Alors elle roulait sur le sol, se débattant contre une étreinte imaginaire, et une écume blanchâtre apparaissait aux deux angles de sa bouche, jadis si fraîche et si rose.

Une crise terrible la mena près du tombeau, le 7 octobre, et même désira-t-on un instant sa mort, en présence de tant de souffrances. Il y avait deux heures qu'elle ne donnait signe de vie; on reconnaissait, à la chaleur de son corps, qu'elle n'était point trépassée. Quelques femmes récitaient auprès de son lit la prière des agonisants, leurs voix s'éteignaient dans l'ombre de la nuit, lorsque tout à coup elles tressaillirent : on venait de frapper vigoureusement à la porte. Un jeune officier d'ambulance, son billet de logement à la main, se tenait debout sur le seuil, attendant que la maîtresse de la maison vînt le recevoir et lui désigner son appartement.

Mme Frachinet, nom de l'ancienne gouvernante de Mlle Dumanoir, s'avança vers le nouveau venu. « Monsieur, lui dit-elle, veuillez mettre un prix à votre logement ; car vous voyez que vous serez bien mal ici, dans une maison où il y a une moribonde. En outre, il me serait impossible de vous donner un lit : Je n'en ai pas de disponible. »

L'officier réfléchit quelques instants et répondit : « Madame, je suis fâché de ne pouvoir accéder à vos désirs ; les hôtels regorgent de monde, les maisons particulières ont toutes des militaires à loger, et puis, avec le temps qu'il fait, on n'est guère disposé à reprendre sa route, surtout lorsqu'on a quinze lieues dans les jambes. Cependant, ne vous inquiétez pas de mon exigence, je coucherai sur le plancher, j'ai tout mon nécessaire pour ça ; seulement, je ne serais pas contrarié de me voir servir un petit souper, sauf à vous indemniser de votre gentillesse. »

Un instant après, l'ambulancier charcutait la carcasse d'une vieille oie et avalait avec une satisfaction toute particulière un bon verre de vin rouge. Il y avait trente-six heures qu'il n'avait eu l'honneur de saluer un bon repas.

Ce jeune homme attablé touchait à sa vingt-troisième année. Savoyard d'origine, bon, affable, prodigue à l'excès, il était devenu, depuis son entrée en campagne, d'une rudesse incroyable. Rien ne l'apitoyait. Son caractère avait bien changé, du moins on le pensait à tort : il était toujours le même ; mais les ennuis, les tracas, aigrissent souvent un cœur tout à fait bon, et qui, malgré lui, suit le penchant irrésistible de la méchanceté dont il est victime.

Insensible à tout ce qui se passait autour de lui, son esprit se portait constamment vers sa chère patrie, dans ces montagnes et ces vallées si belles, en deçà de la chaîne des Alpes. Il avait laissé quelqu'un, là-bas, qui pensait à lui ; et la pensée de ne plus revoir les personnes dont l'amitié était tout pour lui l'assombrissait, à mesure qu'on approchait du moment de la lutte. Aussi, le soir que nous le trouvons dans une maison de Pithiviers, où se mourait Mlle Dumanoir, était-il plus sombre encore que d'habitude. Il réfléchissait à sa destinée, une vive émotion remuait son visage, un pleur sortait de sa paupière et pendait à ses longs cils comme une perle de rosée ; mais une fureur sombre illumina bientôt son regard ; il méditait un terrible projet.

« Oui, se disait-il à lui-même, si un jour je suis au milieu de ces barbares qui m'ont arraché de mon foyer, je promets d'en mettre plus d'un à l'ombre. Mort de ma vie ! le fer, le feu, le poison, tout sera bon pour eux. Je les attaquerai toujours partout où je pourrai. La guerre, n'est-ce pas une chasse continuelle ? Au plus fin le plus de gibier ! Qu'on les tue par devant ou par derrière, par une balle ou autre chose, ils sont toujours morts. »

Il continuait son monologue, lorsqu'un cri d'angoisse le tira de sa méditation. Il accourut vers l'endroit d'où il était parti, et cette fois son visage se dérida, une émotion inconnue lui souleva le cœur, en voyant les pleurs des femmes priant auprès du lit d'une jeune fille qu'on croyait morte. Sa tête penchée sur la poitrine, le sein agité, la lèvre tremblante, il se reportait au foyer domestique ; un douloureux soupir s'échappa de sa bouche ; il songeait qu'on pourrait bien être malade aussi, là-bas, dans sa vallée !

« Monsieur, lui dit une femme, en le touchant au bras, si vous connaissez quelque remède, pour soulager cette pauvre enfant, hâtez-vous de la secourir, elle se meurt. »

Il leva un regard étonné sur son interlocutrice ; un moment il s'était cru tout seul, tant sa rêverie était profonde. Revenu à son état normal, il observa attentivement la malade, et, d'une voix sentencieuse, il prononça ces mots : dans deux heures elle sera guérie. Oui, ajouta-t-il, en apercevant la douloureuse émotion peinte sur le visage des personnes présentes, qui virent dans ses paroles l'arrêt de mort d'Adelphine, oui, répéta-t-il, dans deux heures, je l'aurai tirée de cet état déplorable. »

Un rayon d'espérance brilla sur chaque front, on s'empressa autour du jeune officier, on lui servit tout ce qu'il demanda, et incontinent il prépara un breuvage, qu'il administra, non sans peine, à la malade, dont les dents resserrées d'une manière extraordinaire, ne laissaient pas le passage du gosier facile.

Dix minutes après, le remède opérait une réaction bienfaisante chez Mlle Dumanoir. Son front s'humectait, une chaleur moite revenait aux extrémités du corps, déjà glacées ; un mouvement spontané de la jeune fille arracha un cri de surprise et d'admiration à tous les assistants.

La prédiction de l'ambulancier se réalisa : deux heures s'étaient à peine écoulées, que la malade causait avec une admirable présence d'esprit; elle raconta ses malheurs à celui qui venait si miraculeusement de la guérir. Sa voix un peu faible, son accent harmonieux et doux, sa triste mélancolie, son air encore souffrant, la douleur de la perte de son père et de sa mère, tout l'entourage de la jeune fille remua l'âme de son sauveur.

Il réfléchissait, assis auprès du lit ; une pensée étrange l'obsédait ; enfin il rompit le silence, et d'une voix où vibrait un accent de sincérité inexprimable, il dit : « Mademoiselle, je vous aime maintenant comme une sœur ; je serai votre frère, si vous le voulez ; vous aurez le droit d'exiger de ma personne ce dont vous aurez besoin. Mon estime vous est acquise, votre destinée m'intéresse ; je voudrais vous rendre heureuse, vous protéger contre la malice des hommes, et vous éviter de grands chagrins, que votre beauté et votre position vous préparent. »

La jeune fille, pour toute réponse, tendit sa main au jeune officier, qui la couvrit d'un chaste baiser. Le pacte était fait ; mais comment ces personnes, qui s'étaient rencontrées par hasard, pourraient elles s'entr'aider mutuellement, surtout que la guerre réclamait au jeune homme son temps et sa vie ?

Le 9 octobre, le frère et la sœur se disaient adieu ; Adelphine versa d'abondantes larmes : elle aurait voulu pouvoir lui dire, avant son départ, son affection, ses sentiments, tout autres que ceux qu'on ressent pour une personne du même sang.

L'ordre était donné, il fallut obéir au commandement supérieur. Raoul, ainsi se nommait notre jeune savoyard, connu au mois de décembre, à Orléans, sous les noms de Conspirateur de la Loire, d'Expéditeur des Prussiens, Raoul, disons-nous, se débarrassa de l'étreinte de sa sœur, suivit la colonne armée, dont la retraite sur Chilleurs-au-Bois (village situé sur la route de Pithiviers à Orléans), laissait beaucoup à désirer.

L'armée ennemie serrait les flancs aux troupes françaises, qui soutinrent, le lendemain, un choc épouvantable. Les Prussiens, au nombre de vingt mille, avec une artillerie supérieure à la nôtre, ne gagnèrent pas de terrain, malgré l'infériorité numérique de nos troupes.

PARIS. — TYP. WALDER, RUE BONAPARTE, 44.

La bataille de Toury eut lieu le 10 octobre. L'avantage était resté aux Français ; mais les jours suivants, écrasée par le nombre, notre armée traversa la forêt, se rapprocha d'Orléans, soutint un combat meurtrier, et après une résistance héroïque, elle dut laisser les troupes de Von der Thann occuper la capitale du Loiret.

Laissant le gros de l'armée de la Loire opérer son mouvement à travers la Sologne, nous suivrons la marche du 15ᵉ corps, qui prit la direction de Loury, campa le lendemain, le 12, aux environs de la ferme d'Ambert, et s'approcha de Boigny, d'où il se retira pour prendre la route de Lorris, en passant à Engrhanne et Chatenoie.

Le 16 octobre, la conversation suivante s'engageait sous une tente dressée dans le lit de la Loire, en bas du pont de Gien, sur la rive gauche ; le 15ᵉ corps y était arrivé la veille. « Raoul, disait-on, d'où te vient cette tristesse? Ma foi ! plus je regarde ta mine assombrie, plus je suis porté à croire que les beaux yeux et la mélancolie de Mˡˡᵉ Dumanoir t'ont retourné le battant de l'âme. Farceur, tu auras beau jeu, si, par hasard, tu veux prendre pour sœurs toutes les belles femmes qui auront à se plaindre des Prussiens !

« Vois-tu, crois-moi, avale une bonne pipée d'eau-de-vie, ça dissipera les brouillards de ton imagination ; et d'ailleurs, il ne faut pas dérailler ta cervelle, tu connais notre projet, nos vues et le but que nous poursuivons.

« Allons, secoue donc cette noirceur qui te chiffonne le museau ! » Et le causeur accompagna ses paroles d'une rude secousse. Laisse-moi, Joseph, dit Raoul d'une voix sombre, et avec un accent tant soit peu irrité. Prends garde ! Tu sais comme je traite les imprudents qui m'agacent, et ma foi, je t'assure qu'aujourd'hui il m'en faut peu pour me remuer la bile. Mais dis-moi, continua-t-il avec moins d'âcreté, as-tu vu nos hommes ce matin? Ont-ils toujours les mêmes intentions? Hélas ! comme je donnerais un verre de mon sang, pour tenir dans nos mains ce fameux goujat de sergent, qui a l'audace d'épier le moindre de nos mouvements !

« Et les soldats, que disent-ils? Vont-ils toujours se gorger de vin comme des brutes, sans écouter une fois la parole des individus dont l'intention est de ne plus les laisser aller à la boucherie sans aucune chance de succès?

« O peuple français, race moutonnière qui agit les yeux bandés, parce qu'on lui donne des ordres du jour, des proclamations magnifiques ; il se croit sûr de vaincre un ennemi redoutable par sa force, mais bien plus à craindre par son ordre !

« Allons, les premiers débuts de la guerre, qui nous ont été si défavorables, n'ont pas ouvert les yeux à la foule et moins encore aux militaires. Ils marchent toujours cemme un tas d'insensés, ne se rendent pas compte de leur position ; et quand il ne sera plus temps, ils crieront tous comme des forcenés : A bas les traîtres, mort aux tyrans ! tandis que ces derniers, regorgés de l'or ennemi, qui achète ses victoires, riront aux éclats de la réussite de leur entreprise, et savoureront à loisir les énormes bénéfices de la campagne. O malédiction ! »

Raoul finissait de parler, un soldat entra lestement dans sa tente, et sans attendre que l'officier lui ordonnât d'expliquer sa prompte apparition, tant soit peu inconvenante, il se pencha à son oreille, articula deux ou trois mots et s'enfuit.

Qu'avait-il dit ? C'est encore un mystère en ce moment ; mais le visage de Raoul, impassible d'abord, s'alluma d'une fureur extraordinaire, épouvantable ; il se contint pourtant, et par un effort suprême de volonté, il fit disparaître de son visage toutes les marques de son émotion.

Pour tout œil inaccoutumé à le voir, rien n'aurait paru extraordinaire dans le calme apparent du jeune homme, qui se hâta d'ajuster son ceinturon, où pendait une épée. Il traversa à grands pas le pont de Gien et se rendit au sommet de la ville, à l'endroit de cette ruelle qui porte le nom de Porte de César. Ce calme dénotait chez lui le paroxysme de la colère, son regard jetait des étincelles sous son sourcil froncé ; mais pas une fibre de son visage ne révélait ce qui se passait dans son âme, devenue pour un instant un océan de fureur.

Dix minutes s'étaient à peine écoulées, que le personnage qui attendait Raoul se présenta à l'angle d'une autre rue : on vit cela à l'air de satisfaction reflété sur son visage.

Quelques secondes après, deux officiers s'éloignaient de Gien, et remontant vers la gare, ils causaient avec animation. Ils ne paraissaient point d'accord, et cependant ils s'efforçaient, en débitant chacun leur théorie, de rapprocher leurs idées et de marcher sur la même voie. « Quoi, disait l'un deux, de l'hésitation au moment de nous voir trahis ! Allons, je ne te comprends plus, Raoul, il faut mourir ou rester victorieux ; l'endroit est admirablement choisi, personne ne pourra nous voir, et une fois l'action engagée, pas de faux point d'honneur, allons droit au but.

« Tu as ton coup, moi le mien ; ce sont deux morts et deux places de vacantes. Mon homme se charge de les ensevelir. L'affaire terminée, adieu, bonjour, ni vu ni connu. »

Cette manière de parler déplut au Conspirateur de la Loire, il s'arrêta brusquement, se tourna vers son interlocuteur, en le priant de porter ses excuses à l'officier qui, la veille, l'avait insulté.

Raoul avait horreur du sang ; depuis son entrée en campagne, il allait immoler la septième victime.

Revenant aussitôt sur sa détermination, il poursuivit son chemin ; il devait se battre, les paroles du soldat lui revinrent à la mémoire. En effet, il s'agissait de mourir ou de tuer son adversaire, qui avait osé le faire suivre dans une expédition nocturne à travers le camp.

Ce matin-là, où nous voyons Raoul et son compagnon se diriger vers la gare de Gien, une brume épaisse couvrait la plaine. On ne pouvait distinguer une personne à quinze pas. Ce temps convenait au mieux à nos deux expéditionnaires ; aucun œil indiscret n'apercevrait donc leur conduite sanguinaire ; car vers les neuf heures, au moment où le soleil, déjà haut dans les airs, dissipait les brouillards, on entendit aux abords d'une clairière retentir un cri de détresse, suivi de la chute d'un corps lourd sur la terre.

Un rayon de l'astre du jour frappait directement sur le cadavre d'un capitaine de la ligne, lorsque Raoul, essuyant son épée, qu'il venait de lui passer au travers du corps, redescendit à la ville, plus sombre encore qu'avant de l'avoir quittée. Son ami n'osait l'entretenir de son heureux succès, si l'on peut ainsi qualifier un exploit aussi sanguinaire. Quoi ! deux hommes, pour un faux point d'honneur, ne reculent pas d'effroi l'un et l'autre, en s'abordant avec le fer à la main, pour s'égorger.

Hélas ! cet orgueil mal avisé n'a pas encore cessé de propager l'assassinat.

Le conspirateur savoyard ne s'était point battu, cette fois, pour un point d'honneur : il s'agissait tout bonnement de se débarrasser d'un homme ayant eu l'imprudence de pénétrer le secret d'une vaste conspiration, qui allait renverser de fond en comble le système actuel des gouvernements. Elle prenait une proportion gigantesque au moment où Raoul, la tête du parti qu'il avait conçu, se rendait au camp des mobiles de la Savoie. Il venait visiter quelques amis et les initier, s'il était possible, à ses intrigues mystérieuses.

Ses compatriotes ne goûtèrent pas sa manière de voir, sans néanmoins chercher à le dissuader de son entreprise ; ils craignaient pourtant qu'il ne vînt à réussir, tant il leur avait fait entrevoir toutes les chances de succès.

Maintenant, avant d'aller plus loin, disons d'abord comment prit naissance ce parti ultra-républicain, menaçant d'engloutir tous nos hommes politiques, à l'exception de Gambetta, dont la conduite s'identifiait très-bien avec les idées de Raoul.

Le gouvernement de la défense nationale siégeait à Tours. Quelques membres s'efforçaient avec peine de chercher les moyens de repousser une invasion terrible qui menaçait de s'étendre sur toute la France, comme un vaste réseau de feu au milieu d'une plaine de roseaux. Le peu d'entente qui régnait dans l'administration tombait devant l'envie politique. Chacun voulait travailler à son intérêt et paralysait à chaque instant les efforts suprêmes de ceux qui seraient parvenus, sans une trop grande soif de la puissance, à réaliser le vœu de la nation : à sauver la France.

Ce branle-bas dans l'administration du ministère de la guerre, et le gaspillage affreux des intendances militaires, qui traînaient en longueur les approvisionnements d'une armée couverte de haillons, munie, la plupart du temps, de mauvaises armes, que des chefs vendus à un parti déchu ne faisaient point remplacer, afin que leur trahison ou leur incapacité fût moins évidente et donnât lieu à une coalition des amis.

Un engagement sérieux, pris à Tours vers le commencement de septembre par une cinquantaine d'officiers supérieurs et subalternes, ordonnait à tout membre de l'association naissante de recruter le plus de bras et d'intelligences possible pour enlever, à un moment donné, toutes les charges de l'armée, en destituant et mettant dans l'impossibilité de nuire ceux qui, dans les rangs des guerriers, ou assis sur les banquettes des bureaux, osaient lever les yeux sur un avenir despotique et nous trahir, pour une poignée d'or de l'ennemi.

Un jeune Savoyard, âgé de 23 ans, devint le chef de la ligue secrète. Membre de l'Internationale et officier d'ambulance, sa position lui donnait un libre accès à travers les lignes belligérantes. Aussi avait-il été choisi à l'unanimité pour aller, en temps et lieux, porter les instructions nécessaires à l'accomplissement d'un vaste projet, dont la réussite aurait couvert la France d'une gloire impérissable, tout en effaçant de notre sol les taches sanglantes que l'étranger y laissera.

Raoul donc, chef de la conspiration de la Loire, ainsi s'intitulait la ligue des amis, ne resta pas un moment inactif. Le nombre des prosélytes augmentait chaque jour. Infatigable en tout, il se multipliait dans ses démarches. On le rencontrait partout, et je ne sais quel ascendant il exerçait sur les facultés d'autrui, mais son raisonnement entraînait tout homme qui l'écoutait avec attention. Son regard magnétique, expression que nous employons pour mieux faire sentir cette puissance occulte, agissant à son insu, imposait, et tout, dans son être, lorsqu'il causait avec feu et enthousiasme, révélait un homme extraordinaire et capable de conduire à fin une entreprise gigantesque. Son énergie indomptable, sa ténacité à contraindre certains esprits rétrogrades à voir clair dans ce qu'il disait, inspiraient une grande confiance aux partisans de sa cause.

D'ailleurs, ils avaient pour eux le droit, la justice; car si ce nombre d'hommes intrépides, qui osaient contrôler les notes des fonctionnaires plus hauts qu'eux, cherchaient à s'affranchir d'une domination nuisible aux intérêts du pays, c'est qu'avant d'entreprendre une telle affaire, ils avaient connaissance de ce qui se passait. La bonté de leur cause les rendait téméraires, audacieux et parfois sanguinaires.

Comment qualifier les actes de violence de ces hommes, ayant en vue le bien et le bonheur d'une nation entière? Certainement tout meurtre est condamnable au point de vue des lois humaines; mais d'après la législation sociale, on est forcé de commettre souvent une mauvaise action pour prévenir un malheur mille fois plus grand.

Aussi Raoul n'hésitait point à sacrifier à l'intérêt général de la ligue quiconque se permettait d'en pénétrer les secrets pour les dévoiler ensuite. De ces luttes inégales, où il s'engageait parfois avec trop de témérité, il sortait toujours vainqueur. Il avait, disait-il, son étoile et rassurait ses amis sur son sort, lorsqu'il devait vider une querelle avec des espions ou des intrigants mal avisés. Il marchait donc droit à son but, et si malheureusement on lui créait des obstacles, la personne ennemie pouvait s'attendre à une fin tragique : le fer, le poison, tout lui était bon pour se débarrasser d'un antagoniste.

Le jour où nous l'avons vu se diriger vers la gare de Gien, Raoul avait su, par un des émissaires chargés de prêter l'oreille aux moindres rumeurs du camp, qu'un capitaine cherchait non-seulement à neutraliser ses efforts, mais qu'il avait encore l'envie de le dénoncer à la police.

Pour arriver à ce point, l'adversaire du conspirateur lui chercha querelle ; elle devait aboutir à un duel, qui cependant n'aurait pas eu lieu, si Raoul n'avait eu qu'un affront personnel à venger. Il s'agissait de faire rentrer dans le silence un individu dangereux à son parti ; cette seule idée le détermina, lorsque son compagnon, en l'excitant à se venger, vit avec regret son hésitation.

Hélas ! comme tous ces meurtres, forcés par les circonstances, pesaient sur le cœur du Savoyard ! Lui, naturellement bon, affable, généreux, ayant en horreur tout ce qui sortait du génie naturel, se voir obligé de sortir de son état normal et de courir, à toute heure, la chance de recevoir pour récompense de ses efforts surhumains une douzaine de balles dans la poitrine ; cette perspective ne lui souriait guère ! Et pourtant, se disait-il, si personne ne prend l'initiative, ce pauvre peuple, déjà si meurtri, ruiné, écrasé sous un pouvoir tyrannique, trouvera-t-il assez de force un jour pour repousser les vues beaucoup plus ambitieuses et plus avides encore d'un nouveau gouvernement ?

L'égoïsme filtrait trop à travers les masses, et, surtout dans l'armée, il était secondé par l'ambition. Tous, même sans excepter le soldat ignare, balbutiant à peine deux mots de bon français, rêvaient un avenir aux horizons dorés ; mais s'il fallait y parvenir à force de privations et de sacrifices, et même avec la chance de ne jouir qu'une heure du fruit de ses labeurs, ce désir orgueilleux s'envolait en fumée ; et ces fameux héros, dont la parole et le regard intimidaient la foule il y a un instant, se fondaient en vapeur au moment du danger. Les balles ennemies ne les atteignaient pas ; car leur feu s'ouvrait à peine, que déjà ils s'élançaient avec la rapidité de l'éclair sur l'arrière des colonnes qu'ils commandaient, et très-souvent même, on peut l'affirmer, les soldats français combattaient sous les ordres de chefs subalternes : leurs supérieurs avaient pris la fuite.

Raoul, indigné de la conduite infâme, inqualifiable de tels hommes, mit sa vie en jeu ; il n'ignorait pas à quels dangers continuels il s'exposait, mais, comme ces chevaliers romains se précipitant autrefois dans un gouffre pour apaiser les divinités irritées, refusant la victoire à la patrie, il se jetait à travers les intrigues d'une conspiration, en faisant le sacrifice de sa vie, avec cette idée de relever le courage abattu des Français et de leur montrer un peu d'abnégation. L'ambition, la gloire, l'honneur, l'intérêt personnel ne l'auraient pas déterminé à pénétrer dans cette voie, l'intention seule de rendre un service signalé à sa patrie le décida.

Ses idées planaient dans les hauteurs d'un monde nouveau. Il sauverait la France ; et, toujours avec le concours de ses amis, il obligerait le gouvernement à tout céder au peuple et celui-ci à celui-là. Plus de de tyrans, plus de dominateurs et de despotes ! La famille sociale vivrait sur un point d'égalité avec tous ses membres, sans néanmoins amener un individu quelconque à se nourrir du travail d'un autre ; à chacun le fruit de son travail.

Raoul, après son exploit du matin, comme il était convenu la veille, se rendit, après sa visite au camp des mobiles de la Savoie, entre Pailly et St-Martin-d'Ocre, dans un ancien château. Une assemblée des principaux chefs de la conjuration devait s'y tenir. Avant de s'engager sur ce terrain scabreux, on voulait discuter toutes les possibilités d'atteindre au but, ou savoir si l'on renoncerait à l'affaire.

Des rumeurs singulières avaient circulé dans les camps à propos de cette ligue secrète des Amis.

La séance ne fut point orageuse, comme l'avait prévu Raoul ; tout s'y passa avec la plus grande modération et le plus grand calme.

On décida de continuer la tâche : l'association comptait déjà cinq cents membres, et il y avait un mois qu'elle avait pris naissance. La séparation des vingt individus appelés à la délibération des intérêts du parti fut touchante. Ils jurèrent fidélité à leur cause et convinrent, en se séparant, de se retrouver à Chevilly quelques semaines plus tard ; car, disons en passant que, par des moyens extraordinaires et connus d'eux seuls, ils étaient mis au courant de tous les secrets de l'administration militaire. Ils pouvaient donc, à l'avance, se donner rendez-vous pour tel lieu, sauf à supposer que l'ennemi, en poursuivant sa conquête, dérangeât leur plan.

Leurs conjectures se trouvèrent justes ; les Prussiens, après la prise d'Orléans, ne pouvaient continuer leur marche et abandonner un point important sur la Loire, sans courir le risque d'être taillés en pièces, dans le cas où une armée formidable ne les soutiendrait pas sur leurs derrières.

La prudence ne manquait pas à l'ennemi. Le général Von der Tann, comme l'avait supposé Raoul, s'arrêta dans les murs d'Orléans; il ne cessa d'inquiéter les pays voisins et les avant-postes de l'armée française, mais il savait bien que traverser la Loire avec tout son corps d'armée, c'était courir à une défaite certaine.

Les événements ne tardèrent pas à justifier les suppositions de Raoul; selon lui, l'armée de la Loire, toujours croissante, et qui tenait toute la rive gauche du fleuve, devait, une fois bien organisée, prendre l'offensive; et toujours à l'appui de calculs sérieux, il avait supposé la position de l'armée prussienne un peu critique et peu tenable, lorsque les troupes françaises s'ébranleraient. Les journées du 9, du 10 et du 11 novembre prouvent combien ces calculs se trouvèrent justes.

Le général d'Aurelle de Paladines vint établir son quartier général dans Orléans, et la bataille de Coulmiers, qu'il gagna, lui ouvrait le chemin d'une victoire importante, s'il avait eu le bon sens de poursuivre l'armée bavaroise, s'éloignant à marches forcées du Loiret.

Comment accuser un général d'incapacité, lorsque de simples soldats disaient de marcher et de ne pas attendre les renforts qui viendraient de Metz et dont nous avions tout à craindre?

Mais revenons à nos conspirateurs. Depuis Gien, la ligue avait pris de l'extension; et bientôt, selon toutes les prévisions, on allait ouvertement se déclarer. Raoul, toujours à la suite du 15ᵉ corps, quitta Gien le 7 novembre, passa par Dampierre, s'arrêta la nuit à Châteauneuf, traversa Faye-aux-Loges, Boigny, campa près d'Orléans, et le 10, se trouvait à Chevilly.

Le lendemain de leur arrivée, les troupes françaises prenaient position aux alentours de Chevilly. L'artillerie campa sur la petite éminence qui domine cette partie de terre encadrée dans une ceinture de forêts allant d'Arthenay se perdre du côté de St-Lyc, et vers le couchant, du côté de la plaine fertile de la Beauce.

Une pluie fine et serrée tombait, mélangée de quelques flocons de neige; les chemins, boueux, étaient impraticables, et pourtant une armée de 200,000 hommes foulait ce sol imbibé et se reposait, après une longue marche, sur les quelques mottes de gazon éparpillées çà et là dans les champs, évitant ainsi de coucher dans une mare d'eau. Les jours suivants, la pluie cessa de tomber ; un brouillard épais couvrait le ciel, et se rabaissant peu à peu vers la terre, l'enveloppait de son voile obscur ; on pouvait à peine distinguer un homme à dix pas.

Quelques coups de feu échangés vers le milieu du jour par les avant-postes des deux armées jetèrent l'alarme dans les deux camps ; on s'apprêtait de toutes parts à en venir aux mains, lorsque les éclaireurs français en vigie annoncèrent la retraite des Prussiens.

Ils avaient simulé une attaque afin de retarder le mouvement de nos troupes, et d'avoir, par ce moyen, tout le temps voulu pour emmener les provisions de bouche et autres fruits de leur pillage.

Leur stratagème réussit. Ils se retirèrent en bon ordre sur Jonville et firent leurs retranchements sur les limites du département d'Eure-et-Loire. Ils occupèrent la position que, 16 siècles plus tôt, les Huns, avec leur sauvage et barbare Attila, conservèrent pendant quelques jours devant les forces réunies des Gaulois et des Francs, commandées par Mérovée III, soutenues par le général romain Actius, qui appela les Alains et les Visigoths, à la tête desquels marchaient Sangibon et Théodoric 1er, leurs rois, à faire cause commune avec eux pour repousser les races pillardes et sanguinaires du Nord.

Raoul demeura renfermé dans une chambre de mansarde, en face de la mairie de Chevilly, et, durant les premiers jours passés à élever des retranchements et à creuser des tranchées, il s'occupa principalement d'écritures. Enfin, le 14 novembre, il sembla mettre plus d'activité à son travail ; car, en le voyant à toute heure interroger l'air et le soleil, dont quelques rayons perçaient jusqu'à lui, comme les messagers lumineux de l'espérance, on devinait à son agitation et à son inquiétude, qu'il craignait de n'avoir pas fini pour le moment du rendez-vous.

La nuit s'avançait alors ; sur la fenêtre donnant sur la rue, Raoul plaça deux chandelles, dont la clarté frappait directement sur un ruban vert, taché de sang, qu'il venait de clouer au cadre de la croisée. On le voyait du dehors. Cette originalité cachait un secret ; en effet, c'était un signal donné, car dix minutes après avoir achevé cet arrangement bizarre sur la fenêtre, un personnage, drapé dans son manteau et la figure couverte d'un capuchon de caoutchouc, entra dans cette espèce d'excavation délabrée, où le conspirateur venaît enfin de terminer sa besogne; il refermait un énorme cahier en saluant le visiteur.

L'inconnu gardait le silence et n'avait point rabattu les plis de son manteau lui cachant le visage, chose qui froissait Raoul et commençait à l'inquiéter.

Un rire bruyant du singulier personnage fit monter le rouge de la colère sur les joues de Raoul ; son regard jetait des étincelles, sa main se crispa sur un poignard mis à sa portée, sur la table de tra-vail, et, comme s'il n'eût attendu qu'une autre fanfaronnade de cet impertinent, il se replia sur lui-même pour s'élancer comme un tigre sur sa proie.

« Pas si vite, messire Raoul; dit l'inconnu en voyant le geste menaçant du jeune officier ! Que diable vous retourner la bile de cette manière ? Je ne suis pas venu ici pour vous faire casser le cou, je viens tout bonnement vous proposer une affaire.

— Vous vous connaissez en intrigues, malgré votre jeunesse; mais rien n'échappe aux vieux renards de mon espèce. Vous conspirez !..... »

A ce mot, Raoul tressaillit; ce mouvement échappa à l'individu, qui continuait à parler.

— Donc, contre qui agissez-vous ? Je l'ignore et ne tiens pas même à le savoir ; seulement, vous savez que, pour boucher les oreilles aux curieux et défendre à leurs langues de trop bavarder, il faut de l'or. Donnez-moi une bonne somme ; vous filez votre chemin et moi le mien, et personne ne saura mot de notre entrevue. »

Raoul contint un océan de rage qui grondait dans son cœur et menaçait de faire explosion ; il prit la parole à son tour.

— Monsieur, votre langage m'étonne ; moi, conspirateur ! Et comment le pourrais-je dans une position semblable à la mienne ? Et puis, vous venez de le dire, pour conspirer il faut de l'or pour se créer des partisans et faire taire beaucoup de beaux parleurs. Or, je ne possède pas ce moyen essentiel ; et, après tout, me serait-il permis, avant d'engager une discusssion absurde avec vous, de connaître ce fameux renard qui connaît toutes les pistes, au point de faire une si fausse route ?

— On m'appelle le capitaine Volant, dit l'inconnu en rabattant son capuchon, mettant enfin son visage à découvert.

Raoul étouffa un cri de surprise, un éclair de joie brilla dans ses yeux : il avait justement devant lui l'individu qu'on lui avait signalé comme épiant les moindres de ses démarches. Se ravisant aussitôt :

— Eh bien, capitaine Volant, dit-il, je suis enchanté de vous rencontrer ; un de mes amis m'a parlé de vous en termes tout à fait honorables, et sans doute, si jamais il me prenait envie de conspirer, selon vos suppositions, je m'empresserais de gagner à ma cause un homme aussi précieux que vous. En effet, rien ne vous échappe, vous avez deviné juste : je conspire, mais l'or seul ne ferme pas la bouche aux indiscrets ; je connais, moi, d'autres moyens plus efficaces, et sans plus tarder, vous allez les connaître.

« Capitaine, à genoux, reprit Raoul d'une voix stridente, ton heure dernière sonne, ta mort seule me rassurera, ton indiscrétion ne pourra plus me nuire. A genoux ! te dis-je. »

Un ricanement semblable aux sourds grognements d'un bouledogue arrêta Raoul dans son élan contre son adversaire. Celui-ci venait d'allonger une longue épée, et d'un ton ironique, il s'adressa au conspirateur.

— Allons, messire le Savoyard, vous avez la tête chaude, mais l'intelligence pas assez développée pour conduire à bout une affaire gigantesque. Votre vivacité ne me laisse plus rien à craindre : vous ne me brûlerez pas la cervelle ; l'explosion d'une arme vous attirerait sur les bras toute une patrouille, et nul doute ensuite qu'on ne vous expédiât en l'autre monde. Vous auriez d'abord l'honneur de passer en cour martiale, et le plaisir de recevoir le lendemain matin douze coups de chassepot dans la poitrine. Donc, revenons à notre point de départ. Vous conspirez, je possède votre secret ; vous avez de l'argent, moi, je suis pauvre. Eh bien, remplissez ma bourse et nous sommes libres et bons amis. Vous direz encore : mais qui me répondra de votre silence ? Je vous répondrai que, lorsque j'engage ma parole d'honneur, rien, pas même dix mitrailleuses braquées sur ma carcasse, ne me feront manquer à mon serment.

« Ainsi, c'est convenu, vous donnerez de l'or et je me retire. »

Un sourire dédaigneux plissa les lèvres de Raoul, il dégaîna à son tour et porta une pointe vigoureuse dans l'estomac de son adversaire, qui trébucha un instant, sans pouvoir proférer un mot. Le capitaine Volant était mort ; l'épée de Raoul lui avait traversé le cœur et ressortait par les reins.

Au bruit de la chute d'un corps, Joseph, le serviteur fidèle du eune officier, accourut; il avait eu peur pour son maître, et quand il arriva dans la salle où se passait la scène que nous venons de décrire, il étouffa un cri de joie en apercevant Raoul debout, l'œil enflammé, mais le visage pâle et défait comme celui d'un mourant.

— Voilà donc, s'écria Raoul en apercevant son domestique, où vous conduit une entreprise aussi belle que celle-ci! En cherchant le bonheur de son semblable, en travaillant pour sa liberté, la fatale nécessité vous pousse à l'immoler lorsqu'il s'oppose à vos desseins. Quelle chose affreuse que la vie! Même dans vos plus nobles actions, vous êtes obligé de recourir au crime! »

Un coup sec, frappé à la porte de la mansarde, vint effrayer les deux habitants. Comment faire disparaître les traces de sang et enlever le cadavre qui allait les trahir aux yeux des visiteurs attardés? Joseph perdait la tête; Raoul reprit son sang-froid habituel, et, se penchant sur la fenêtre, il chercha dans l'obscurité à reconnaître les personnes qui venaient à lui.

Il ne put rien démêler : la nuit sombre défendait à l'œil le mieux exercé de voir quelque chose à petite distance. Il courut lui-même s'assurer du nom des arrivants, pendant que Joseph s'empressait d'essuyer les dalles de l'appartement, toutes tachées de sang, et de traîner le corps du capitaine dans un mauvais réduit, à côté de la chambre de Raoul.

Cinq minutes après, dix individus prenaient place sur les bancs d'une salle contiguë à la chambre du conspirateur, qui ne tarda pas à prendre la parole et à expliquer à ses amis comment il pensait mettre son projet à exécution.

Chacun l'approuva, et quand le coup de minuit frappa sur la cloche de l'église voisine, Raoul, suivi de ses compagnons, quitta la mansarde; prenant la direction d'Arthenay, ils traversèrent tout le camp, et poussèrent leur course jusqu'à un petit village voisin, où ils trouvèrent déjà beaucoup des leurs au rendez-vous.

Ils n'étaient pas plus de cinquante affidés : un plus grand nombre aurait éveillé les soupçons et trahi le secret de la cause; et encore, pour mesure extraordinaire de sûreté, étaient-ils dispersés par groupes de dix, comme des individus qui profitent de l'obscurité pour venir étudier les positions de l'ennemi, situées à quelque distance du lieu. Raoul, selon les instructions précédentes, alla de groupe en groupe et remit à chacun une feuille de papier portant des chiffres alignés en colonne d'addition et traversés par des nombres multiplicatifs.

Jamais peut-être on n'avait vu conspiration marcher sur un pied semblable; pas même une parole n'était échangée entre les principaux chefs, ils s'assemblaient et ne discutaient point; d'ailleurs, ils arrivaient au moment où la discussion n'était plus possible: il fallait agir ou renoncer à l'entreprise.

Ayant reçu les instructions de Raoul, chacun se retira; mais voici ce que renfermait la correspondance numérique du conspirateur: il avertissait ses amis qu'il avait écrit à Gambetta, et que, sans aucun doute, le ministre de la guerre se rendrait à son invitation, afin de donner un grand coup au parti réactionnaire des Bourbons, qui se ménageaient des intelligences dans l'armée. En outre, il était de son intérêt de saper les fondements de la monarchie Napoléonienne, en destituant un nombre infini de chefs supérieurs, manquant la plupart d'intelligence pour conduire heureusement l'expédition militaire dont la France attendait son salut.

Ce but, le ministre de la guerre et tout le gouvernement de la Défense Nationale, avec la bande efféminée des employés de bureaux, ne pouvaient l'atteindre, si un complot, formé à leur insu, ne leur offrait son appui.

Le cas se présentait donc, on allait le saisir; du moins, Raoul le supposa, lorsqu'il apprit confidentiellement que Gambetta se rendait à Chevilly le jour fixé par lui, pour mettre à jour sa conspiration et s'emparer de force du pouvoir militaire. Et voilà ce qui devait se passer: à l'arrivée du ministre de la guerre, Raoul, posté à distance de la gare, afin d'échanger, sans courir le risque d'être compris, le mot d'ordre convenu « Pologne, » suivrait ensuite le ministre, et selon toute probabilité, en se dirigeant vers la mairie, où les quartiers divisionnaires étaient établis, il l'accosterait.

Alors, si par hasard Gambetta refusait d'entrer dans ses vues, une lutte devait avoir lieu, et immédiatement l'armée de la Loire se serait divisée en deux partis, à moins, toutefois, que les soldats, répondant aux idées des conspirateurs, ne procédassent à l'élection de leurs chefs, pris dans leurs rangs. De cette manière, la réussite d'une entreprise si extraordinaire paraissait assurée; elle n'était plus douteuse, si le ministre de la guerre prononçait le moindre mot à ce sujet, car immédiatement près de trois cents officiers et bon nombre de soldats se seraient mis à la disposition du chef de la Défense Nationale, et l'auraient soutenu dans le remaniement de l'armée.

La Providence déjoua les projets de cette poignée d'hommes, dont l'énergie, le courage et les talents militaires auraient sauvé la France, et fait payer bien cher aux ennemis leurs vexations, leurs crimes et leur arrogante témérité. Gambetta n'arriva point, ou, selon le dire de beaucoup, accueilli par le feu ennemi, il rebroussa chemin, sans s'être assuré si l'on ne tâchait pas de le tromper. Raoul le présuma.

Le 24 novembre, jour qui serait devenu fameux dans l'histoire si la Conspiration de la Loire avait triomphé, ce jour-là donc, le général d'Aurelles de Paladines fit opérer un mouvement à cette immense armée sur qui reposait l'espoir de la nation ; mais en guerrier d'une expérience comme on voulait bien le dire, il commit une faute irréparable. Il délogea d'une position merveilleuse, au lieu de la renforcer, et huit jours plus tard les lignes prussiennes s'avancèrent vers nous, ouvrirent leur feu meurtrier, s'emparèrent des retranchements de Chevilly qui n'étaient pas gardés, et tombant enfin sur les colonnes françaises qui gardaient les positions de Neuville, de Chilleurs-au-Bois et de Courcy, elles mirent en déroute l'armée de la Loire.

Raoul, atterré, suivit le 18e corps. Jamais il ne se fût attendu à un coup, qui déjouait tous ses projets en entraînant avec lui la perte de sa patrie ; il s'attrista longtemps, il parvint à se calmer et sut faire savoir à ses amis son regret ; mais il leur promit, s'il ne succombait pas dans la lutte qui allait s'engager, de ne plus rien tenter de pareil à l'avenir. Il avait trop souffert pour une fois ; et sans craindre que, parmi tout ceux qui connaissaient le secret de la conspiration, il y eût quelques cœurs lâches capables de le trahir, il s'abandonna au courant de la destinée.

Le 3 décembre, il prit part à la retraite de Neuville, où la légion Savoisienne, commandée par M. le marquis Costa de Beauregard, riposta d'une manière effrayante au feu de l'ennemi. Le courage de ce chef, marchant à la tête de ses soldats, à un moment si critique, puisque les colonnes prussiennes cernaient déjà le bourg où se trouvaient près de 15,000 français , les sauva d'un affreux carnage.

Honneur soit rendu aux mobiles de la Savoie ; car, en moins de trente minutes, ils firent reculer un ennemi dix fois plus fort qu'eux, en jonchant le sol de cadavres !

Raoul se battit en véritable héros du moyen âge. La croix d'ambulance ne l'empêcha pas de marcher au premier rang, et peu s'en fallut que sa témérité ne lui devînt fatale. D'une voix retentissante et dominant le tumulte du combat, il encourageait les soldats, et entraîné un moment par les artilleurs, il s'élança sur un canon chargé, y mit le feu : l'artilleur était tombé mourant à ses pieds. L'ennemi arrivait aux tranchées. Raoul n'hésita pas un instant : il s'élança d'un seul bond sur la palissade de renfort, renversa deux combattants, abattit le troisième avec la hache d'un marin tombé sous le feu des Prussiens, et sans perdre de son sangfroid, il revint vers les canonniers, qui s'apprêtaient à se retirer, fit approcher deux pièces chargées jusqu'à la gueule, et fit balayer par cette mitraille tous les audacieux qui accouraient prendre la tranchée.

Un moment emporté par la fureur du combat, Raoul revint à son ministère ; les cris des mourants et des blessés le rappelèrent à lui-même, et encore couvert de sang et ses habits criblés de balles, il se mit à panser les malheureuses victimes de ce carnage. D'ailleurs, le feu cessa bientôt, l'armée française défila en bon ordre, en se dirigeant sur Loury, où de nouveau la retraite fut coupée.

Ici qu'on me permette une observation. La brigade Minoz, trouvant une faible résistance à Loury, ne jugea pas à propos de tomber sur l'ennemi, en nombre inférieur et sans artillerie, et, revenant sur ses pas, elle s'élança dans la forêt, attendant que le jour parût pour éclairer ses désastres. Or, comment supposer qu'un général ne connaisse pas assez son plan de guerre pour laisser toute une armée à la merci de l'ennemi, et l'abandonner après l'avoir écartée de la route qui pouvait la sauver ! Mystère ! Que Dieu nous permette de l'éclairer plus tard !

Toujours est-il que le 4 décembre au matin, le général Minoz et son état-major avaient disparu. L'armée, démoralisée par la fuite de ses principaux chefs, se débanda de toutes parts, cherchant à échapper à une dure et longue captivité ; mais, là encore, le marquis de Costa fit preuve de dévouement ; il assembla les officiers de sa légion, et tous d'un commun accord jurèrent de subir le sort de leurs soldats, si malheureusement ils étaient faits prisonniers ou mouraient en combattant.

Cet exemple, suivi des autres troupes, épargna beaucoup de victimes ; car, le soir même de cette fatale journée, le 15e corps d'armée gagnait en partie les tranchées d'Orléans, et, après un faible combat sous les murs de la ville, toutes les troupes françaises cherchèrent leur salut dans la fuite.

Comment décrire un tel désastre? La nuit était sombre, une bise froide et violente jetait la givre à la figure de nos soldats, exténués de fatigue et mourant de faim. Parfois, à travers ce morne silence qui régnait partout, un cri de détresse retentissait en arrachant des larmes aux spectateurs les plus durs de cette scène. De pauvres Algériens, mal vêtus, s'affaissaient sur le sol, attendant la mort; car les privations de la campagne, rendues insupportables par la dureté d'un climat rigoureux, avaient miné leur nature nerveuse; et, loin de leur patrie, de leurs familles, de leurs amis, ils succombaient en maudissant les auteurs d'une pareille guerre; mais la pensée d'avoir été utiles à une nation étrangère rendait leur fin plus douce.

C'est minuit, le canon gronde dans le lointain, l'ennemi poursuit sa victoire; tous les cœurs sont émus, les esprits résignés; il faut mourir, répète-t-on partout, et chaque soldat, avant de prendre position, charge son compagnon d'armes de dire à son père, à sa mère et à ses amis, qu'il a vendu chèrement sa vie.

Hélas! le 5, le soleil se leva radieux; mais, comme un dieu tutélaire de la France, il voila sa tête lumineuse, en voyant épars, sur une étendue de vingt lieues, des cadavres, des blessés se débattant contre les étreintes de la mort, et tous les chevaux errants sans leurs maîtres, au milieu des armes et des munitions abandonnées devant la poursuite de l'ennemi. Par intervalle, des coups de feu retentissaient dans les carrefours lointains de la forêt; c'étaient quelques malheureux soldats isolés qui se donnaient la mort en se faisant massacrer par les Prussiens; ils préféraient une fin glorieuse, ou prompte, aux terribles supplices de la faim et du froid.

Au ressouvenir d'un si grand malheur, quel homme ne verserait des larmes? O France! qu'est devenue ta puissance?

Dans cette nuit si fatale à l'armée de la Loire, une scène tragique se passait à Boigny: Raoul, arrêté par trois uhlans et garrotté comme un criminel, attendait avec calme et résignation le supplice qu'on allait lui infliger : il devait mourir par les verges, parce qu'il n'avait pas craint de brûler la cervelle à deux soldats prussiens, qui, contre les droits de la guerre et de la convention de Genève, le malmenaient et voulaient à tout prix lui faire avouer par quel chemin l'armée française avait pu se retirer. Il refusa nettement ; et, quand il les vit décidés à le contraindre avec violence, il tira son révolver de sa ceinture et fit feu à bout portant. Deux hommes étaient tombés à ses pieds ; mais, par malheur, il ne lui restait plus de munitions, et son épée devenait inutile en présence des armes démesurément longues de ses adversaires.

Malgré cela, il ne se rendait point, et, tenant tête aux trois autres combattants, il voulait mourir l'arme à la main. Il se trompait : un quatrième intervint, il le désarma à son insu et immédiatement ils le garrottèrent en l'insultant comme des lâches ; ils lui crachèrent à la figure et firent même plus. A ce dernier outrage, notre héroïque Savoyard hurla de rage, s'agita ; les liens qui le retenaient à la merci des Prussiens se rompirent. Alors, comme un tigre acculé dans son repaire, se trouvant tout à coup en rase campagne, il fit un bond prodigieux, et s'emparant d'un énorme sabre, il frappa sans relâche ses adversaires, qui, atterrés par un coup si inattendu, ne savaient se défendre ; ils furent impitoyablement mis à mort.

La fureur emportait Raoul, il voyait partout des ennemis, et si dans tout ce vacarme qui semblait retentir à ses oreilles, il n'avait pas compris la voix de son fidèle Joseph, le suppliant de fuir, puisqu'il était libre, il aurait sans doute massacré quelques ambulanciers, morts de frayeur durant cette lutte gigantesque, qui venaient le complimenter.

Une fois cette surexcitation nerveuse calmée, le conspirateur utilisa son temps auprès de quelques blessés, qu'on avait amenés des environs, et le 5, il se dirigea sur Orléans, traversant toutes les lignes prussiennes qui occupaient déjà la ville. Epuisé par une lutte désespérée et par les longues et dures privations de la campagne, sans avoir pu, malgré ses efforts gigantesques, atteindre son but, Raoul tomba dans un abattement complet.

Il y avait de quoi désespérer des esprits plus forts que le sien ; aussi, se laissant aller à cette voie de la mélancolie qui touche souvent au dégoût de l'existence, il devint gravement malade. L'état de sa santé empira chaque jour, et maintes fois les personnes qui le soignaient, en particulier son dévoué Joseph, se demandèrent s'il ne valait pas mieux, pour lui, mourir. Son délire était effrayant, mille fantômes hideux dérangeaient son sommeil, et à de longs intervalles seulement une apparition agréable le réjouissait. Au sourire qui plissait

3e *Livraison.* — On s'abonne chez M. de Fleuret, 50, rue de Rennes.

ses lèvres décolorées, aux agitations de son sein, on semblait démêler le mystère de ce changement de la frayeur à la joie délirante ; mais il y a tant de choses extraordinaires au chevet des malades, qu'on craint de se fourvoyer, en cherchant à se prononcer ouvertement sur ces causes connues de Dieu seul.

Vers le 20 décembre, Raoul reprit ses sens, et la première question qu'il adressa à son serviteur, fut de savoir depuis quand il était retenu au lit, et quelles personnes étaient venues le visiter pendant sa maladie. Il écoutait avidement le récit de Joseph ; mais une personne étrangère, arrivant dans la chambre du malade sans être annoncée, interrompit une conversation intéressante.

Quelle était cette personne ? Le Conspirateur l'examinait d'un œil inquiet et sombre ; il démêlait, malgré l'engourdissement de ses facultés intellectuelles, quelque chose de peu rassurant dans la physionomie de l'inconnue.

Cette créature, qui se présentait ainsi d'une manière assez inconvenante, était une femme au port noble et altier, son regard vif dénotait la fermeté de son caractère et une opiniâtreté invincible chez elle lorsqu'elle se mettait en tête de mener à bout une affaire sérieuse ou une intrigue. Encore à la fleur de l'âge, avec le prestige de la beauté et de la richesse, comme l'annonçaient ses brillants atours, on sentait pourtant à première vue que, malgré toutes ces choses qui semblent, ici-bas, assurer le bonheur, on sentait, dis-je, qu'elle n'était pas heureuse.

Mais quel était son but en venant auprès du jeune Savoyard ? Où l'avait-elle connu ? Comment avait-elle découvert sa retraite ? Que venait-elle lui demander ou lui proposer dans un état si pitoyable ? N'y avait-il pas chez elle une espèce de barbarie qui la poussait à venir troubler la première journée de convalescence d'un malade, dont la moindre émotion pénible ou agréable briserait le cœur ou entraînerait la mort ?

Joseph se faisait toutes ces réflexions, il s'apprêtait à reconduire la dame hors de chez Raoul, lorsque, s'avançant vers la couche du malade, elle entama la conversation suivante :

— Monsieur, dit-elle, ma démarche doit vous étonner ; vous ne me connaissez pas et surtout vous devez chercher à deviner pourquoi une étrangère vient vous troubler dans votre premier jour de bien-être ; car on peut s'exprimer de la sorte auprès d'un individu qui

reprend connaissance après dix-huit jours d'une grave maladie !
Pardonnez-moi cette inconvenance : un motif puissant me pousse
vers vous. D'abord, continua-t-elle après une légère pause, permettez-
moi de vous interroger. Cela vous paraît drôle ; mais, tout à l'heure,
vous excuserez ma façon d'agir en apprenant le but de ma démarche,
et vous n'y trouverez rien d'insolite. »

Raoul la regardait avec stupéfaction, il éprouvait une espèce de
terreur devant l'air hautain de cette étrange créature. Quoique faible
encore il contint son émotion, prêta l'oreille aux paroles de la visi-
teuse et répondit à ses questions.

— Vous vous nommez Raoul, si je ne me trompe, lui demanda-t-
elle, vous êtes originaire de la Savoie, et vous conspiriez dernière-
ment dans l'armée de la Loire. Vous avez immolé bien des victimes
qui osaient étudier vos démarches et pénétrer vos desseins. Vous
n'avez pas réussi puisque vous voilà sur un lit de douleur et que
l'armée dont vous pensiez saisir le commandement a été mise en
déroute ; une partie s'est retirée sous les ordres du général Chanzy, et
l'autre, sous ceux de Bourbaki. Il reste bien encore quelques détache-
ments isolés, mais ils subiront le sort des autres : ou l'ennemi les
massacrera tous, ou ils se rendront prisonniers de guerre.

« Donc, voilà mon exposé fait : j'arrive à la question qui m'amène
vers vous. Est-ce vous, monsieur, qui avez tué en duel le lieutenant
Caprero, un engagé volontaire de la légion étrangère ? Répondez, je
vous en prie. »

— Ce nom m'est inconnu, dit Raoul, et c'est la première fois que
je l'entends prononcer.

— Vraiment, répéta la dame, avec un regard chargé de colère.

— Je le jure sur ma parole d'honneur et par tout ce qui m'est le
plus sacré au monde, répliqua Raoul d'une voix dolente.

L'assurance avec laquelle Raoul prononça ces dernières paroles ne
tarda pas à convaincre son interlocutrice ; elle se prit à pleurer à
chaudes larmes ; sa douleur gagna les assistants ; Joseph et son maître
n'osaient l'interrompre dans son chagrin.

La jeune dame comprima bientôt sa douloureuse émotion ; d'un
air calme et résigné, elle s'excusa auprès de Raoul de sa manière
d'agir ; et, revenant toujours à la question première, elle lui demanda si, par hasard, il n'avait pas des éclaircissements à lui donner
sur la fin tragique de son mari ; car, comme sa profession lui assi-

gnait de suivre constamment l'arrière des troupes, il aurait pu, sans l'avoir cherché, connaître cet horrible drame qui se passait à Bazo-ches, le 8 octobre, au moment où l'armée prussienne s'avançait rapidement sur les lignes françaises et vint livrer bataille à Toury.

Un souvenir s'éveilla dans la mémoire engourdie du malade, un amer sourire plissa sa lèvre, et d'une voix affaiblie, il pria la dame, à son tour, de lui répondre :

— Votre mari a-t-il une marque particulière au visage? Ne porte-t-il pas la tête penchée sur l'épaule droite? Une pincée de cheveux blancs qui représentent, dans la touffe noirâtre de la chevelure, comme une étoile isolée sur un fond obscur, le distingue des autres hommes.

La pauvre jeune femme, poussant un cri déchirant, s'affaissa sur elle-même et s'évanouit. En reprenant ses sens, elle demanda d'abord où elle était et ce qui s'était passé; elle se ressouvint de tout.

— Parlez, parlez, dit-elle d'une voix étranglée et avec toutes les fureurs de la colère peintes sur son visage ; comment est-il mort?

— Les Prussiens l'ont mis en pièces, dit lentement Raoul. Surpris par les éclaireurs ennemis ou son avant-garde, il résistait héroïque-ment à la tête d'une poignée de braves. Plusieurs succombèrent au premier choc. Alors, voyant la lutte se prolonger sans espoir de salut, il arrêta les siens, et s'avançant vers les ennemis qui ralen-tirent leurs coups, il rendit son épée ; mais comme il avait affaire aux galériens que la Prusse, en cette lutte suprême, versa sur notre territoire, il fut égorgé et les siens passèrent au fil de l'épée.

« Maintenant, ajouta Raoul, vous pouvez, en toute sûreté, si ma parole vous paraît douteuse, vous rendre chez M. Octave Dépallier, notaire à Bazoches; il vous donnera tous les renseignements possibles sur cette ignoble boucherie : votre mari, c'est-à-dire le lieutenant qui portait les marques particulières désignées plus haut, succomba sous ses fenêtres, et deux heures après sa mort on lui donna la sé-pulture sur le lieu même où il était tombé. »

Un long silence régna dans la chambre, la jeune veuve sanglottait; notre malade se sentit bientôt indisposé ; cette conversation agitée le fatigua; son zélé serviteur courut aux fenêtres pour lui donner de l'air, il étouffait. Ce bruit tira de sa douleur la belle étrangère, qui s'empressa de prodiguer des soins au pauvre Raoul, et lorsqu'il eut reprit ses sens, elle se retira en se confondant en excuses auprès du malade.

La convalescence du conspirateur ne fut pas longue ; quelques jours de tranquillité le remirent sur ses jambes. Donc, huit jours après son entrevue avec Mme Caprero, il battait les rues d'Orléans, allant, bien entendu, à la recherche de quelques aventures périlleuses.

Son vœu s'exauça : le 6 janvier au soir, il descendit sur les bords de la Loire ; le fleuve charriait des glaçons, les brouillards voilaient le ciel et une bise froide, mugissant à travers la plaine, venait augmenter l'effroi de la nature remplie de sons lugubres et tristes. Raoul réfléchissait à sa situation et, marchant au hasard, il n'aperçut pas tomber la nuit.

Des pas précipités et plusieurs cris de frayeur retentirent au loin sur la rive, près du faubourg Saint-Laurent, et le réveillèrent en sursaut ; il reconnut alors son isolement et son imprudence, en restant à une heure si avancée dans un endroit peuplé d'ennemis qui, pour se procurer un féroce plaisir, pouvaient aisément lui faire prendre un bain au milieu de la Loire. Il gagna subitement la rue Creuse, donnant sur les quais ; il allait disparaître dans une autre rue, lorsque deux femmes, courant à toute vitesse, l'aperçurent à la clarté d'un bec de gaz, et doublant le pas, elles vinrent tomber sur lui, en disant : « Sauvez-nous ! »

Raoul ne voyait pas les agresseurs de ces deux créatures ; aussi, craignant une mystification, il s'éloignait pour éviter un scandale. A peine eut-il fait deux pas, qu'il se vit accosté par sept gaillards robustes, le sabre au poing ; les deux pauvres femmes, à cette attaque subite, jetèrent un cri d'effroi ; l'écho seul de la rue y répondit. Se rapprochant aussitôt de Raoul, qui jouait rudement de la canne, elles l'amenèrent peu à peu au débouché de la rue d'Angleterre ; mais là, les agresseurs inconnus déployèrent plus de vigueur : se ruant tous ensemble sur leur victime pour paralyser ses efforts, ils ne tardèrent pas à comprendre qu'ils avaient à faire à un rude merle.

Raoul se défendait avec un sang-froid incroyable, et ce qui doublait sa force, c'était la pensée de se voir jouer par deux femmes, accompagnées de leurs intrigants. Un peu de confiance lui restait néanmoins : quel intérêt, se disait-il en frappant à coups redoublés, auraient-elles à me tendre un piége ? Elles ne me connaissent pas, elles n'ont point de vengeance à satisfaire sur moi. Il pensait à Mᵐᵉ Caprero ; mais il s'aperçut bientôt que la réflexion, en un moment si critique, n'est pas de saison : la pointe d'un sabre lui égratigna la main.

La rage lui montait au cerveau, il se contint ; car une folle bourrasque le compromettrait. Il fit deux sauts pour s'éloigner de ses adversaires et les attendit de pied ferme ; les sept lâches hésitèrent devant cette suprême détermination de vaincre ou de mourir. Ensuite, comme s'ils rougissaient de cette faiblesse, ils se précipitèrent sur Raoul. Cette fois, deux ennemis roulèrent aux pieds du Savoyard ; mais une inquiétude mortelle vint suspendre son élan ; on marchait derrière lui, il allait donc être traqué comme une bête fauve ou délivré. Il jeta un regard furtif à travers la rue, il reconnut aussitôt qu'il était perdu. Que faire ? Mourir en brave. Un sourire se dessina sur ses lèvres, la tête orgueilleusement relevée et jetant un dernier regard de défi à ses assassins, il s'acculait au mur pour se défendre, lorsqu'une voix émue et douce l'appela par son nom, en le suppliant de se glisser un peu plus avant et d'entrer dans l'allée voisine.

Ce secours inespéré, venant sans doute du ciel, ranima le Savoyard ; il fit un bond de tigre, renversa deux hommes et gagna la rampe d'escalier où la voix l'appelait. Une jeune fille de seize ans et une femme plus âgée, ces deux personnes sauvées miraculeusement par la lutte gigantesque du jeune officier, le sauvaient à leur tour ; et, sans perdre une seconde, ils se mirent tous les trois à barricader la porte de l'appartement ébranlée par les secousses vigoureuses d'une douzaine d'hommes ivres de rage et de passion.

Les deux pauvres femmes avaient échappé à leur infâme désir. Assurément ils pénétreraient dans la maison. Raoul avisa au moyen de les éloigner : il enflamma une quantité de pétrole, et par une lucarne au-dessus de la porte donnant sur la montée où la meute des cerbères aboyait, il sema cette lave incandescente qu'il alimenta de suite avec de nouvelles matières inflammables.

Un cri de rage et d'effroi répondit à cette heureuse sortie du conspirateur, il était sauvé ; ses ennemis avaient disparu et fuyaient précipitamment devant une ronde nocturne ; mais leurs habits couverts de l'essence enflammée, guidaient la patrouille sur leurs pas.

Raoul, sans se préoccuper de cette attaque imprévue, serait donc vengé : cette opinion le fit sourire. Il respira longuement et regarda autour de lui. Que voyait-il? Une émotion singulière l'agita, ses lèvres tremblèrent, son cœur battit violemment : ses yeux, grands et ouverts, se portaient sur la jeune fille. Elle contemplait avec une muette extase le visage de Raoul. Celui-ci passa la main sur son front comme pour écarter un voile qui obscurcissait son intelligence ou sa mémoire, et poussant un cri suprême, il s'élança vers Adelphine Dumanoir, qui tendait les bras à son ami, son frère, son sauveur.

Vous dire la joie, le bonheur de deux jeunes gens qui se revoyaient d'une manière si inattendue, ce serait impossible. Comme ils savouraient avec délices cette émotion indéfinissable qu'on éprouve en ces moments extraordinaires ! Leurs yeux parlaient, leurs mains entrelacées répondaient au mouvement de leurs cœurs. Il avaient tout oublié : souffrances, chagrins, périls, en un mot, tout ce qui venait de se passer leur semblait une fantasmagorie de l'esprit.

Adelphine racontait ses peines à son frère, lui disant ses tourments intimes depuis leur séparation, et tous ses rêves, remplis de son image et retentissant de sa voix, dont les accents si doux calmaient si bien les souffrances de l'âme, en lui ouvrant un espoir à l'avenir.

L'exaltation de la jeune fille à dire ses combats et ses joies secrètes attrista Raoul, il crut deviner au fond de cette âme candide un sentiment plus fort que celui de l'amitié et du dévouement. Il porterait peut-être le trouble dans ce cœur, qui avait besoin de tant d'affection, s'il laissait paraître la moitié de ce qu'il ressentait pour elle ; aussi couvrit-il son visage d'un masque de glace, mais n'affectant pas une indifférence qui tuerait, sans doute, celle dont il voulait protéger les jours.

La première fougue passée, Raoul envisagea sa position. A tout prix, il devait s'éloigner, en prenant un chemin autre que celui de la porte barricadée : il n'y avait pas d'autre issue, il fallait passer par la fenêtre, et du deuxième étage arriver à terre.

Adelphine s'opposait à cette descente périlleuse, et pourtant Raoul courait un danger sérieux, en restant davantage auprès d'elle.

Les deux pauvres femmes s'agenouillèrent en priant, lorsque Raoul, se débarrassant de leur étreinte, gagna le balcon donnant sur la cour, et, sans beaucoup de difficulté, arriva à terre, en sautant d'une galerie à l'autre. Une fois sur ses jambes, il salua sa sœur, afin de lui assurer que rien de fâcheux ne lui était advenu. Il s'éloigna précipitamment et gagna la rue d'Illiers, où l'attendait avec une anxiété mortelle son pauvre et zélé serviteur.

Joseph tremblait de tous ses membres au récit de son maître. Il ne fut tranquille sur son compte que lorsqu'il put, à force d'arguments, le déterminer à changer de costume ; car, dans ses nouvelles sorties, on le reconnaîtrait, et cette fois, ses ennemis auraient peut-être la précaution de se munir d'une arme à feu : alors c'en était fait du conspirateur, qui se destinait à jouer un rôle extraordinaire à Orléans. Il organisait une ligue nouvelle ; sa haine pour la Prusse le poussait à des extravagances.

Joseph le mit au courant des rumeurs de la ville ; il avait rencontré beaucoup de connaissances, et toutes l'avaient chargé de témoigner à son maître leur attachement sincère et leur dévouement à sa nouvelle cause.

Raoul savoura l'espèce de joie que lui causait la narration de son domestique, et prenant enfin une sérieuse détermination, il se dit à lui-même que lorsqu'on a trempé dans une conjuration, la vie entière doit être employée à tramer de nouveaux complots.

Il se mit à l'ouvrage. L'aube du lendemain le surprit courbé sur une table de travail : il alignait des chiffres. Joseph ronflait à ses côtés, et quand il se réveilla, il fut surpris de voir son maître toujours absorbé dans sa besogne ; mais ne voulant pas le laisser retomber malade, il lui enleva tous ces papiers qu'il avait griffonnés, et en souverain du logis, il lui montra sa couche.

Raoul ne se fâcha point de cette brusquerie, au contraire, il s'empressa d'obéir à l'invitation de Joseph et prit un peu de repos ; il se réveillait à 10 heures du matin. On frappait à sa porte. Un frisson glacial parcourut les reins de notre intrépide savoyard. Joseph absent l'avait mis sans clef, selon son habitude ; alors comment ouvrir à ce visiteur matinal ? D'ailleurs, que pouvait-on venir faire chez lui, à cette heure ?

La scène de la nuit dernière lui repassa devant les yeux, il se crut perdu tout à fait Au milieu de ce découragement qui semblait s'emparer de son âme, il garda la consolation de finir glorieusement ses jours, si toutefois on venait pour l'arrêter ; seulement, pour l'heure, il jugea nécessaire de faire le sourd et d'attendre Joseph, et encore eût-il voulu recevoir un nouvel arrivant, que la chose était impossible : il n'avait point de clef pour ouvrir la porte de son appartement.

On frappait toujours plus fort ; après quelques minutes d'attente, minutes qui sont, dans une circonstance pareille, longues de plusieurs siècles, il entendit un pas lourd retentir dans l'escalier. Il avait reconnu la marche de Joseph ; il prêta l'oreille à ce qu'on allait dire.

— Vous le demandez, répéta le serviteur ; mais cette porte fermée vous doit assez démontrer qu'il n'y a personne ici : mon maître sera sorti, et comme nous avons deux clefs, il n'y a rien d'étonnant qu'il ait fermé son appartement, avant de s'éloigner. Allons, que lui voulez-vous ? Lui parler, c'est impossible ; revenez demain, il y sera probablement à cette heure, et d'ailleurs, en me donnant votre carte, je lui annoncerai votre visite pour l'heure convenue.

— Non, répétait la voix, je dois le voir à l'instant même, il est chez lui, ne me trompez pas ; diable ! lorsque j'affirme une chose, j'en suis sûr : un petit gamin que vous avez, sans doute, rencontré à la porte d'allée, m'a certifié ne l'avoir pas vu sortir. Je l'avais mis là pour épier ses démarches.

—Mille dieux, cria Joseph! Ah! c'est comme ça que vous faites épier d'honnêtes gens; eh bien ! gare aux mouchards ! Je vais rudement leur tanner la peau ! Après tout, je suis un imbécile, un niais, un borgne d'esprit : n'aurais-je pas dû penser à cette affaire plus tôt, en voyant ce drôle gars rester là-bas, par le froid qu'il fait? Attendez, madame, je vais commencer la danse.

Joseph disparut dans l'escalier, et cinq minutes après, il revenait avec un petit ramoneur sous le bras.

— Oui, disait-il, prends garde de crier ou de mordre ! Je t'assomme d'un coup de poing, si tu te permets ces fantaisies. Bon ! nous voilà maintenant. Dis-moi, petit, comment s'appelle madame ?

— Je l'ignore.

— Encore une question, reprit Joseph ; elle t'a payé pour épier les démarches d'un jeune homme qui demeure dans cette maison, réponds de suite, ou je t'envoie rouler au fond de l'escalier ! Allons, bien ! puisqu'il en est ainsi, tu n'as pas tort, tu cherches à gagner ton pain, surtout qu'il est cher et rare en ce temps ; mais retiens ceci : si, malheureusement pour toi et les gars de ton espèce, je vous trouve à ma piste ou à la piste de mon maître, je vous enverrai lestement chasser dans les prairies de messire Satan ou dans les rues du Paradis. Maintenant, tu es averti, va-t-en !

« A nous deux, madame, je vais vous faire voir que vos policiers n'ouvrent pas bien les yenx : mon maître n'est pas chez lui ; d'ailleurs, nous allons explorer ensemble son *palais ducal.* Que sa Sëigneurie se donne la peine d'entrer, dit Joseph d'un air ironique, en poussant la porte. »

Madame Caprero entra : Joseph n'avait pu la reconnaître sous le triple voile qui cachait sa figure ; aussi changea-t-il subitement de ton, lorsque la charmante princesse se mit à découvert. Son regard hautain fit perdre à Joseph son aplomb ordinaire ; mais ce fut momentané.

—Voyez donc, madame, que je ne vous ai point menti, Raoul est sorti sans avoir été vu ; que voulez-vous ? les choses sont ainsi.

Madame Caprero resta rêveuse un instant, et sans même avoir répondu à Joseph, elle allait se retirer, lorsque, prenant une autre détermination, elle s'assit en face du serviteur et lui dit : « Veux-tu me servir ? Je suis riche, si tu aimes l'or, tu en auras en quantité ; mais il faudra me tenir au courant des intrigues de ton maître, afin qu'en des moments critiques, je puisse lui porter secours. Mon langage t'étonne ; eh bien ! vois-tu, là, dans ce cœur, il y a un amour invincible pour Raoul. L'autre jour, j'étais venue pour le poignarder, aujourd'hui, je viens connaître ma vie ou ma mort ; mais s'il me rebute, il verra combien sera terrible ma vengeance : elle entraînera sa perte et la mienne. La vie sans son amour m'est insupportable.

« Et comment m'expliquer cet instinct irrésistible qui me porte vers lui ? Je ne le puis ; mais... mais... mais... mon Dieu ! Je reconnais cette influence, Joseph... aide-moi... »

Madame Caprero se débattait contre une pression fluidique ; ce fut en vain, elle tomba dans un profond sommeil. Joseph, atterré, ouvrait la bouche comme la gueule d'un four ; ses yeux roulaient étonnés dans leur orbite ; et comme il avançait machinalement la main vers la belle dame, pour la secourir, la croyant subitement indisposée, Raoul sortit de sa cachette et arrêta sa main.

Le pauvre serviteur ne savait que penser de cela, surtout quand il vit son maître étendre ses mains sur la tête de la dormeuse, et les abaisser lentement jusqu'à sa poitrine.

Un soupir de Madame Caprero attira son attention, et à plusieurs reprises, pour savoir s'il ne dormait point ou rêvait tout éveillé, il se pinçait jusqu'au sang ; ma foi ! il s'avoua très-bien n'être pas endormi. Mais que faisait donc Raoul? Mon Dieu, mon Dieu, ayez pitié de moi : c'est le diable en personne, voyez comme il ouvre les yeux. Oh ! je suis perdu ! Où me sauver ?

Raoul entendit les murmures confus de son domestique, et avant de pousser plus loin son expérience de somnambulisme, il le mit au courant en deux mots ; car il craignait d'effrayer cette nature naïve et superstitieuse.

Joseph respira, il essuya son front, couvert d'une sueur froide, et pourtant il avait peur : tout ce que Raoul eût pu dire ne l'eût pas rassuré ; mais lorsqu'il entendit Madame Caprero répondre aux questions du magnétiseur, il fut plus calme.

— Que me voulez-vous, demanda Raoul ? — Rien. — Alors, pourquoi venez-vous chez moi, et quelle est votre intention, en cherchant à m'enlever la fidélité de mon serviteur ? Vous avez, sans doute, une arrière-pensée qui cache un piége : votre amour, si impérieux qu'il soit, ne peut vous pousser à cette extrémité ; mais prenez garde, je vous tiens sous ma main, et seriez-vous maintenant au bout du monde, que ma volonté seule vous réduirait à l'inaction. D'ailleurs, si la chose me semble agréable, je puis vous priver de vos lumières intellectuelles.

« Cherchez maintenant à fuir, à débrouiller vos pensées intimes, à me les cacher : cela vous est défendu. Vous m'appartenez, corps et âme : vous ne sortirez plus d'ici. »

A cette dernière phrase, la somnambule se leva, comme pour s'élancer sur Raoul, qui, saisissant ce mouvement avant qu'il ne fût accompli, étendit la main sur elle et la cloua sur place.

— Je veux, entendez-vous, que vous me disiez franchement vos intentions à mon égard.

— Ah ! j'y suis, commença Mᵐᵉ Caprero, d'une voix douce et harmonieuse comme celle d'un rossignol.

Raoul tressaillit, il se sentait entraîné par l'accent de sa voix, il écouta :

— Oui, j'aborde la question, disait-elle, je me reconnais. O Raoul, Raoul, que je vous aime ! Pourquoi gardez-vous ce visage sévère ? Venez dans mes bras, sur mon sein, je suis à vous. Mon Dieu ! il me rebute ! Raoul, ayez pitié d'une malheureuse femme, qui ne peut vivre sans vous. Non, comme vous l'avez dit ; je ne sortirai plus d'ici, je vivrai avec vous ; ma fortune vous appartient, disposez de ma personne, et si véritablement votre cœur ne dit rien pour moi, cachez-le, laissez-moi ignorer mon malheur.

« Raoul ! Raoul !... »

La somnambule lui tendait les bras, le conspirateur resta calme. Il comprit aussitôt la valeur de cette femme. Avec elle il allait connaître beaucoup de choses extraordinaires. Un éblouissement lui passa devant les yeux, il fut sur le point de commettre une imprudence en cherchant à se précipiter aux pieds de cette créature douée d'une faculté si merveilleuse, mais il s'arrêta à temps ; car une fois dans le cercle fluidique qui entourait celle dont il voulait respecter les charmes, il aurait irrésistiblement succombé. Si l'attraction qui attire un corps vers un autre, dans un état normal, est impérieuse, lorsqu'elle agit avec ce surcroit d'électricité surnaturelle, elle est irrésistible : elle amène la jonction des extrémités.

Raoul reconnut sa position ; il allait tirer parti de son expérimentation : il apprit les menées secrètes du gouvernement, il sut à quoi s'en tenir sur l'insuccès continuel de nos troupes, il fut mis au courant de bien des choses, impossibles à révéler à cette époque où la vérité, dite trop clairement, coûte la vie à ceux qui osent la proclamer, avec des preuves irrécusables. Enfin, il voulut savoir si les partisans de la Conspiration de la Loire n'avaient point trahi leur secret.

Rassûré sur beaucoup de points qui le tracassaient depuis longtemps, il voulait retirer Mme Caprero de cet état de vie purement spirituelle ; car, en prolongeant la séance, il craignait d'amener quelques désordres dans le système nerveux de la personne. Il étendait la main sur elle pour commencer l'opération lorsque la somnambule, obéissant à une volonté étrangère, se leva, et saisissant Raoul par le bras elle lui dit d'un ton énergique :

— Prends une plume et écris : « La France succombera dans cette lutte, le génie du mal l'emporte. Un homme d'élite, chargé d'une mission spéciale, devait la sauver ; mais l'Intelligence suprême retarde cette ère brillante où chaque homme vivra sous sa propre domination ;

« L'Allemagne, regorgée de l'or d'une malheureuse nation, vendue par des trafiquants de la pire espèce, orgueilleuse d'un succès dû à la trahison et non à la loyauté des armes, n'aperçoit que l'aurore du beau jour dont elle pense voir le déclin ; mais à peine aura-t-elle dressé des arcs de triomphe et célébré la gloire de ses héros sanguinaires, que la tempête politique éclatera dans son sein.

« Alors nous verrons le ciel se peupler de signes extraordinaires : les races du nord nageront dans leur propre sang, les races latines, un instant spectatrices de cet horrible carnage, s'ébranleront, et comme deux avalanches descendant du sommet élevé de deux montagnes qui servent d'enceinte à une vallée, se précipiteront les unes sur les autres.

« Alors seulement l'homme destiné à changer la face du monde paraîtra sur ces monceaux de cadavres, et suivi des nations orientales il implantera partout l'oriflamme de la liberté et de la fraternité des peuples.

« Entends ce cri de détresse : les têtes couronnées tombent sous la hache ; ces rumeurs qui remplissent l'air nous annoncent l'anarchie : la terre s'entrouvre pour boire le sang des victimes et pour engloutir les cadavres. Les plaines du Nord sont dévorées par un immense incendie ; celles du Midi fuient devant une inondation humaine, elles restent silencieuses.

« J'ai parlé pour les peuples, et maintenant voici pour toi, Raoul : Dieu te regarde, son souffle t'animera, et la Pologne, qui attend un sauveur, venant de l'Allobrogie, n'espérera pas en vain.

« Rome la superbe tomba jadis sous le joug de tes ancêtres ; sous peu, le monde sera sous tes pieds ; mais que le démon de l'orgueil trouve ton âme inattaquable, car le héros d'un jour serait le monstre d'un siècle. »

Cette sortie étrange jeta le trouble dans le cerveau de Raoul. La chose lui parut si impossible, qu'il se contenta d'en prendre note, en attendant que les événements futurs vinssent justifier cette prédiction.

Mme Caprero, réveillée, se demanda d'abord où elle était ; la présence du jeune officier, qui la contemplait avec ravissement dans son embarras, lui révélait une partie de la chose ; mais pourquoi ce changement subit à son égard ? Une vive émotion colora ses joues d'un vif incarnat, ses lèvres tremblèrent.

Joseph s'était retiré, par ordre de son maître ; ils étaient donc seuls, pouvant se dire leur amour mutuel et donner un libre cours aux douces sensations de leurs âmes.

Raoul s'agenouilla devant la jeune femme, et d'une voix pleine de sincérité et de passion, il lui avoua son attachement, sans néanmoins lui promettre ce qu'une femme, en pareille occasion, aime toujours à se faire répéter.

Rosa, c'était le prénom de la jeune veuve, n'osait remuer, elle croyait rêver ; et le moindre mouvement ne viendrait-il pas renverser tout l'échafaudage de son idéalité ? Elle attendait un dénoûment plus sensible : si vraiment elle n'était pas sous le coup d'une hallucination, l'apparition se communiquerait sous forme tangible et la tirerait d'une inquiétude mortelle.

Hélas ! comment dépeindre ce rayonnement de félicité qui vint illuminer le beau visage de Rosa, lorsqu'elle sentit une haleine chaude sur sa main et le frémissement d'une autre main dans la sienne ! Assurément si elle n'avait eu la chance d'être veuve, elle se serait évanouie ; mais elle s'avoua pourtant n'avoir jamais ressenti une semblable commotion au temps où elle fit connaissance avec ces sortes de choses.

— Mon Dieu, mon Dieu, murmura-t-elle ! et sa tête se pencha sur le front de Raoul ; un long baiser couronna la fin de la scène.

Joseph, d'ailleurs, impatient de savoir si son maître était le diable en personne ou le bras droit du bon Dieu, dérangea cette petite scène d'amour.

— Ah ça, dit-il, en rentrant, voyons, ne roucoulez pas tant, çà me donnerait des envies, et par vos simagrées, vous me gâteriez le tempérament. Monsieur Raoul, vous me devez une explication: tout ce que vous venez de grimacer-là n'est-ce rien une farce, pour m'effrayer ? Dites-moi cela, la main sur la conscience.

Le conspirateur, ivre de joie (il trouvait enfin le sujet étonnant qu'il recherchait depuis des années), s'expliqua devant Joseph, en terminant par cette sortie pleine d'exaltation : « Oui, le monde est à moi, je connaîtrai tous ses secrets, et nouveau Prométhée, je ravirai au ciel un rayon de sa lumière, le briserai ici-bas, afin que les générations présentes et futures puissent un jour comprendre les phénomènes de la lucidité de l'esprit, que la volonté détache momentanément de son enveloppe matérielle. »

« La maxime du Christ : « Rien de caché qui ne soit découvert, « rien de secret qui ne soit connu, » sera mise en vigueur. »

Raoul n'avait jamais été d'une beauté si surprenante ; son visage inspiré, ses yeux qui jetaient des étincelles, son front couvert d'une auréole presque divine, son attitude noble, fière, gracieuse, tout l'assemblage de son être, se reproduisant avec toute la grandeur qui distingue l'homme surnaturel, souleva des cris d'admiration et presque d'effroi chez Joseph et Mme Caprera. On l'aurait pris pour un Dieu apparaissant sous une forme humaine.

Raoul comprit les sentiments de ses deux auditeurs ; mais comme l'orgueil ne formait pas le fond de son caractère, il voulut faire rejaillir une étincelle de cette admiration sur la personne qui lui causait un si grand bonheur. Il se précipita sur Rosa ; la serrant étroitement dans ses bras, il s'écria avec exaltation : « Ah ! c'est à vous que je devrai tout cela, à vous qui venez à moi, à vous que je voulais rebuter ; et dans un transport indicible, il la couvrait de baisers. »

Joseph s'arrachait des pincées de cheveux, pour se donner une contenance ; son cœur était gros, il pleurait ; le bonheur de son maître l'énivrait ; il aurait voulu s'arracher le cœur de la poitrine, et montrait à Raoul et à Rosa combien leur félicité commune le rendait heureux.

Une journée si bien commencée aurait-elle un nuage ? Le jeune Savoyard, une fois redevenu calme, donna des ordres à son domestique, et cela fait, il descendit de son appartement, accompagné de Rosa, son inséparable, et tous deux prirent par la rue d'Illiers, débouchant sur la place Jeanne-d'Arc, où une foule compacte entourait plusieurs voitures, que des soldats prussiens, l'arme au poing, ne voulaient pas laisser aborder.

Des murmures menaçants circulaient dans les rangs du peuple, on criait tout bas vengeance ; mais devant la force brutale chacun se résignait en silence ; tout homme sensé reconnaissait, malgré la justice de ces réclamations, qu'il était prudent de ne pas pousser trop loin la bourrasque. On aurait, en voulant prévenir un malheur, causé peut-être de plus grands désastres.

Raoul s'approcha de la foule, interrogea quelques individus, qui lui apprirent la cause de cette petite émeute, dont les rangs s'éclaircirent bientôt, à l'approche d'une escouade de tirailleurs allemands. Un nuage de fureur passa sur son front, Rosa sentit son bras trembler sous le sien ; et craignant une action téméraire du jeune homme, elle chercha à l'éloigner de ce lieu. Ce fut en vain. Raoul voulut s'assurer par lui-même de ce qu'on disait : son sang se révoltait à l'idée de savoir quarante blessés français entassés dans sept voitures découvertes, comme un vil troupeau qu'un marchand conduit à la foire, et surtout exposés aux rigueurs du froid.

Hélas ! ce n'étaient plus des hommes qu'on conduisait, mais des cadavres qu'on amenait à la dernière demeure.

L'armée de Frédéric-Charles avait subi de grandes pertes du côté de Mer et de Vendôme, les ambulances regorgeaient de victimes, et comme l'emplacement manquait pour retirer les blessés allemands, ordre avait été donné d'évacuer les ambulances et d'emmener les malades à la ville d'Orléans.

Quarante malheureux Français, hors d'état d'être transportés, furent néanmoins entassés dans sept voitures découvertes et emmenés de force, sous un ciel rigoureux. Le froid, les secousses du voyage, les privations de toute espèce, durant un trajet de 15 lieues, causèrent leur mort ; et comme la veille on avait annoncé ce triste convoi, la population d'Orléans s'était rendue sur son passage, pour prodiguer quelques soins à ces malheureux ; mais ils n'avaient plus besoin du secours d'autrui.

Raoul suivait donc ce funèbre cortége jusqu'au cimetière Saint-Vincent ; son cœur se brisa devant un si horrible spectacle ; les soldats prussiens, riant aux éclats, vinrent verser leurs voitures sur le creux des fossoyeurs, dont un même mouvement d'indignation arrêta les bras. La foule ne se trompait pas ; Raoul compta 40 victimes, mortes de froid et de faim.

La ville d'Orléans élèvera un monument funèbre à ces martyrs.

Rosa ne quittait plus son amant ; la journée entière se passa dans un doux entretien, la nuit vint les séparer. Raoul se rendit précipitamment chez lui, il avait hâte d'apprendre le résultat des courses de Joseph ; tout répondit à merveille à ses intentions.

Une fanfare guerrière, célébrant, sans doute, un nouveau triomphe des troupes allemandes, ébranlait les échos de la ville d'Orléans, le 7 janvier ; plusieurs corps d'armée défilaient lentement dans la rue des Carmes et se dirigeaient sur le Martoi. Les habitants, consternés par ce surcroît de troupes, qu'ils étaient obligés de nourrir et de loger, se demandaient enfin si cette campagne hideuse ou plutôt inqualifiable, ne toucherait pas bientôt à sa fin ; car non seulement la nourriture et autre chose ne suffisaient pas aux exigences de l'ennemi, mais il commençait à s'emparer des maisons de la rive gauche, à former des retranchements, pour se mettre à l'abri de toute attaque des Français, qu'on supposait à quelques milles de la ville.

2e *Livraison.* — On s'abonne chez M. de Fleuret, 50, rue de Rennes.